VOEUX

D'UN BON FRANÇAIS

Au mois de Mai

Mil huit cent vingt-cinq.

VOEUX
D'UN BON FRANÇAIS

Au mois de Mai

Mil huit cent vingt-cinq.

PAR UN PRÊTRE DU DIOCÈSE DE TOULOUSE.

Prix : 1 fr. 20 c.

A PARIS,
Chez DEMONVILLE, IMPRIMEUR-LIBRAIRE,
RUE CHRISTINE, N° 2.

1825.

VŒUX
D'UN BON FRANÇAIS
AU MOIS DE MAI 1825.

Nous voici sans doute au moment le plus convenable pour publier les vœux qu'un bon Français forme pour sa patrie : mais avant d'épancher mon cœur en la présence du nouveau Roi que toute la France contemple sur le trône, dans l'admiration et l'amour, j'ai des devoirs à remplir envers le Roi que toute la France pleure.

Il n'est donc plus, ce Roi qui avait par deux fois sauvé la monarchie d'une perte certaine, ce Roi qui, durant tout son règne, n'a soupiré que pour le bonheur de son peuple. Il est vrai qu'il ne lui fut pas toujours possible d'opérer le bien qu'il avait dans le cœur, et qu'il porta la générosité envers ses ennemis, jusqu'au point d'inspirer de vives alarmes à ses plus fidèles sujets. Mais un Bourbon pouvait-il croire que des Français resteraient aussi insensibles à une bonté sans bornes ? Il a fallu, pour l'en convaincre, qu'un de ses fils tombât sous le fer d'un assassin enfanté par les doctrines impies et libérales.

Oui, Prince, qui étiez l'espoir de la patrie qui vous pleurera long-temps; c'est votre mort seule qui a rompu le prestige de l'illusion la plus fatale; c'est votre mort qui a sauvé la France. Ah! si tandis que vous déploriez, de la manière la plus déchirante, une fin si cruelle pour votre grand cœur, si cruelle et si alarmante pour la patrie, vous eussiez pu percer dans l'avenir, que vos regrets auraient été adoucis! Vous vous plaigniez amèrement de mourir de la main d'un Français; mais tous les Français ont renié avec horreur et indignation un tel monstre. Vous gémissiez de voir la France perdre à jamais ses Bourbons...; mais le Dieu protecteur de la France y avait pourvu : un nouvel enfant de Saint Louis était déjà sorti des trésors de sa sagesse et de son amour, et cet enfant miraculeusement formé, miraculeusement conservé, est le gage infaillible du salut de la France. Vous gémissiez de n'avoir pas plutôt péri dans les combats; mais, Prince, vous auriez acquis moins de gloire : car, quoi de plus honorable pour vous, que les dernières paroles que vos lèvres ont proférées, que les sentimens magnanimes que vous avez fait éclater sur votre lit de mort!

Vous avez montré à la religion, comme à la patrie, un héros digne de leur admiration et de celle de la postérité ; et quelques heures vous ont valu un long règne pour votre gloire.

Mais revenons à Louis *le Désiré*. Dès que le sang du Prince a coulé, il a compris ce qu'il devait attendre de la révolution. Il rappelle auprès de lui les vrais amis du trône ; il leur rend toute sa confiance ; et dès-lors, la monarchie n'est plus en péril ; en sorte que, par un prodige de la divine Providence, le coup fatal qui devait détruire la légitimité, est celui qui l'affermit pour toujours ; le coup qui devait assurer le triomphe de la révolution, est précisément celui qui l'abat.

En effet, dès ce moment Louis reprend et poursuit avec succès l'œuvre de la restauration ; les saines doctrines triomphent, la Chambre des Députés se remplit de nouveau d'hommes monarchiques, et la fidélité est un honneur. Dès ce moment, les craintes cessent, et le calme et l'espérance renaissent dans tous les cœurs français. Dès ce moment, la révolution s'affaiblit progressivement, et la légitimité prend les accroissemens les plus rapides, qui la font bientôt dominer en souveraine.

Dès-lors, que de grandes choses Louis n'a-t-il point opérées !

La religion, que je ne cesserai de présenter comme la base fondamentale de la prospérité des nations, a été franchement protégée. L'Eglise de France a non-seulement recouvré sa liberté à laquelle on mettait tant d'entraves, mais elle a même obtenu les nouveaux siéges qui lui avaient été promis, et qu'elle réclamait avec instance. Louis a solennellement confié à la Religion la tâche si importante de régénérer l'entière jeunesse du royaume, en lui livrant l'enfant du riche comme celui du pauvre. Les évêques ont été rétablis dans leurs droits sur l'enseignement, et un d'entr'eux a été placé à la tête de l'Université. Ce n'est pas assez. Louis a compris que les affaires ecclésiastiques ne pouvaient point, sans les plus graves inconvéniens, être abandonnées à des mains profanes : il crée pour cet objet un nouveau ministère, qui est confié à l'illustre prélat déjà chargé de l'instruction publique. Tous ces divers actes nous révèlent la haute sagesse du Souverain, et son zèle éclairé pour l'honneur de l'Eglise, qui lui doit pour ces bienfaits une éternelle reconnaissance.

Louis n'a pas moins de droits à celle de la monarchie, qu'il a consolidée par la sagesse de son administration. Il l'a même rétablie au premier rang parmi celles de l'Europe. Il l'a surtout environnée de l'éclat d'une gloire toute nouvelle, dans cette guerre vraiment sacrée, entreprise dans la seule vue de délivrer un Bourbon de ses chaînes, et son peuple de l'anarchie; dans cette guerre, qui a révélé à la France une armée toute resplendissante de valeur, de discipline et de fidélité; dans cette guerre où le Prince qui doit régner sur nous a ravi d'admiration, et les soldats dont il est devenu l'idole, et la patrie et l'Europe entière; dans cette guerre enfin, où Louis, tranchant la dernière tête de l'hydre, a glorieusement terminé la mission qu'il avait reçue du ciel, de fermer l'abîme des révolutions; trop heureux s'il eût pu, comme il l'avait toujours souhaité, en fermer encore les dernières plaies : il avait déjà solennellement annoncé cette grande réparation, commandée par les lois de la politique, autant que par celles de la justice et de l'honneur; et il avait même déjà mis la main à cette œuvre, tout à la fois royale et nationale, lorsque la mort est venue l'enlever à l'amour et à la vénération des Français.

Mais cette mort, ô grand Roi, a mis le sceau à votre gloire, par les héroïques sentimens que vous avez déployés en sa présence, et par le deuil dont elle a couvert la nation. Vous n'êtes descendu dans la tombe, qu'après avoir assuré le repos et la prospérité de vos peuples, qu'accompagné de leurs regrets, de leurs larmes et de leurs bénédictions, et en nous laissant pour successeur, Charles-le-Bien-aimé, en qui vous allez revivre.

Tel est, ô le meilleur des Rois, le glorieux engagement que vous avez pris, en paraissant sur le trône. Vous vous êtes chargé de continuer le règne de Louis, c'est-à-dire de poursuivre et de consommer le grand œuvre de la restauration; et qui doute que vous ne remplissiez cette haute mission avec un plein succès ? Qui doute que votre unique passion ne soit l'amour du bien, l'amour de vos peuples ?

C'est pourquoi j'exprimerai devant vous, avec une respectueuse confiance, les vœux qui me sont inspirés par mon zèle pour mon Roi et pour ma patrie.

Je parlerai principalement en faveur de la Religion, dont les intérêts doivent tenir le premier rang dans le conseil d'un roi, non-seulement pieux, mais encore habile dans l'art de gouverner les hommes. J'ajouterai pourtant quelques considérations politiques sur des objets de la plus haute importance.

LOIS CONCERNANT LA RELIGION.

Louis XVIII avait déjà puissamment travaillé à la restauration de la Religion : mais il était réservé à la piété de Charles-le-Bien-aimé, de mener l'œuvre à sa perfection. Développons ici ce que cette perfection exige, selon notre manière de voir.

Je crois devoir m'occuper d'abord des lois en vigueur, concernant la Religion. Ces lois, telles qu'elles existent, ne sont nullement propres à assurer à la Religion la protection et le respect qui lui sont dus : elles portent ostensiblement l'empreinte de l'esprit qui les a dictées, d'un esprit de prévention, de méfiance, de mépris, et d'oppression même. Elles sont basées, en général, sur ces prétendus principes, qu'on ne saurait trop se tenir en garde contre la Religion, ou du moins contre ses ministres, qu'il est essentiel de les tenir constamment sous le joug; qu'il est extrêmement dangereux de leur lâcher les rênes, extrêmement dangereux de leur laisser prendre des accroissemens de fortune, de pouvoir, de considération et d'honneur; sur ces principes, qu'il n'y a de sécurité pour l'Etat, qu'en traitant avec ses ministres comme avec des ennemis dont on ne saurait trop se défier, qu'on ne saurait assez abaisser, assez humilier, assez asservir.

Ces lois pouvaient s'allier, sans doute, avec un gouvernement né de l'injustice et de l'impiété : mais elles doivent disparaître devant un gouvernement légitime, chrétien et régénérateur : elles ne pourraient que souiller un trône occupé par le Fils aîné de l'Eglise, par un enfant de Saint Louis, tel que Charles-le-Bien-aimé.

Il est donc nécessaire d'établir sur la Religion des lois nouvelles; mais des lois dignes d'un Souverain qui connaît le prix et la nécessité de la Religion, et qui en respecte les droits; d'un Souverain pénétré de vénération et d'amour pour elle, et qui mette principalement sa gloire et sa sagesse à la faire prospérer de plus en plus dans ses États, à la faire régner dans les cœurs de ses sujets, comme elle règne déjà dans le sien. Voilà, Ministres du Roi, les lois que les amis du bien réclament, des lois qui soient la fidèle expression des pensées et des sentimens de Charles X; car c'est dans son cœur, que vous devez aller puiser les sacrés élémens d'une telle législation.

Nous donnerons quelques développemens

à notre proposition. Je dis donc que *ces lois doivent être dignes d'un Souverain qui connait le prix et la nécessité de la Religion, et qui en respecte les droits.*

L'orgueil de la philosophie ne s'était pas borné à renverser toute autorité visible; elle avait osé même entreprendre de soustraire les nations à l'autorité invisible du Tout-puissant. Elle se flattait de n'avoir besoin que d'elle-même pour gouverner les peuples, essayant, par là, de détrôner le Roi du Ciel, comme elle avait détrôné celui de la terre.

Je pense, Ministres du Roi, que vous croyez sincèrement à la divine Providence, que les peuples les plus barbares ont toujours adorée; et que, par conséquent, vous êtes convaincus que plus une nation est fidèle à Dieu, plus elle en obtient de bienfaits et de bénédictions. Il n'y a pas un seul homme illustre parmi les païens eux-mêmes, qui n'eût rougi de professer d'autres principes; et ce serait, sans doute, faire la plus grande injure à des Ministres chrétiens, que de leur supposer d'autres sentimens. Mais je ne veux point, dans ce moment, porter la question au sacré tribunal de votre foi; je n'en veux pour juge que votre raison, libre de toute prévention.

Vous prétendez restaurer la monarchie,

c'est-à-dire la dégager entièrement des principes de mort dont le génie du mal l'a infectée : hé bien! la raison vous dira que vous ne pouvez employer un agent plus puissant et plus actif que la Religion. Car, n'est-ce pas à elle seule qu'il est permis d'entrer dans le cœur des citoyens, pour en arracher toutes les affections funestes ou dangereuses pour la société; pour y étouffer tout esprit de rébellion, d'indépendance et de murmure, tout esprit de trouble, de division et d'égoisme, en un mot, tout esprit opposé au bien public? N'est-ce pas à la Religion, et à elle seule, qu'il appartient de créer des cœurs nouveaux, des cœurs pleins de respect et de soumission pour l'autorité, pleins d'amour et de fidélité pour le Roi, pleins de zèle et de dévoûment pour la patrie? Tous les autres moyens de restauration ne sauraient que pallier le mal, en retarder les progrès : mais la Religion va le brûler jusque dans sa racine, qui est dans le cœur des citoyens; et elle agit en même temps sur tous les membres du corps social, sur l'homme public et l'homme privé, sur le soldat et sur le citoyen, sur le riche et sur le pauvre, sur le savant et sur l'ignorant; en même temps sur tous les âges, sur tous les sexes, sur toutes les conditions. Voilà, Ministres du Roi, la machine que vous devez principalement faire jouer pour électriser la nation; la seule machine capable de faire rapidement circuler dans les diverses ramifications de la société, le fluide régénérateur dont elle a besoin. Voilà la mine précieuse que vous devez exploiter avec ardeur; et ce n'est que là que vous puiserez les véritables richesses nationales. Attachez-vous donc à cette mine féconde; faites des lois pour la protéger, afin qu'elle prospère de plus en plus : et prenez toutes vos mesures pour assurer aux peuples les trésors qu'elle leur réserve pour la vie présente comme pour la vie future.

Cependant, sous prétexte de protéger cette Religion sainte, gardez-vous de l'opprimer. C'est un malheur qu'elle n'a que trop à redouter de la part des puissances. Elle a ses droits et ses prérogatives qu'elle ne tient que de Dieu seul, et sur lesquels les Souverains eux-mêmes ne peuvent porter leur main, sans se rendre coupables d'une sacrilége usurpation : et puisque la révolution s'est efforcée, et s'efforce encore de bouleverser tous les esprits et d'ébranler tous les principes, surtout sur l'autorité, nous croyons utile de rappeler ici la nature et l'étendue de la double puissance *spirituelle* et *temporelle*.

Le divin fondateur de la Religion chrétienne a dit à ses ministres. « Comme mon Père m'a
» envoyé, ainsi je vous envoie..... Allez ins-
» truire et baptiser toutes les nations, leur
» enseignant à pratiquer tout ce que je vous
» ai commandé.... Tout ce que vous lierez
» ou délierez sur la terre, sera lié ou délié
» dans le Ciel. »

Ces paroles nous montrent clairement que l'Eglise a reçu tout pouvoir du Fils de Dieu, et que sa juridiction s'étend sur toutes les nations, et conséquemment sur les rois comme sur les peuples. Elle est chargée d'instruire, de baptiser, de gouverner tous les hommes, sans exception, et sous ce rapport, elle ne dépend que de Dieu seul.

Mais le Fils de Dieu déclare en même temps que son royaume n'est pas de ce monde; et il ordonne à ses disciples de rendre à César ce qui est à César. Aussi le Prince des Apôtres, celui qui a été chargé de conduire tous les fidèles, s'empresse-t-il de leur prescrire d'être entièrement soumis à toute puissance humaine, et surtout à l'autorité souveraine des rois, parce que telle est la volonté de Dieu. D'où il suit que l'autorité de l'Eglise ne peut porter la moindre atteinte à celle des rois, comme la puissance des rois ne peut non plus nuire à celle de l'Eglise ; en sorte que si, sous le rapport de la Religion, les Souverains sont dépendans de l'Eglise, l'Eglise, à son tour, dépend des Souverains pour tout ce qui concerne les intérêts temporels.

C'est pour cela que le célèbre Osius, au rapport de Saint Athanase, écrivait à l'empereur Constance : « Ne vous mêlez point des affaires » ecclésiastiques, n'entreprenez point de nous » donner des ordres à cet égard, mais apprenez » de nous ce que vous devez en savoir. » Dieu qui vous a confié l'Empire, nous a aussi » confié son Eglise ; et comme celui qui vous » ôterait le commandement que vous avez, » irait contre la disposition divine ; ainsi, crai- » gnez qu'en vous appropriant ce qui appar- » tient à l'Eglise, vous ne vous rendiez aussi » coupable d'un grand crime. Rendez, dit » l'Ecriture, à César ce qui est à César, et à » Dieu ce qui est à Dieu ; et conséquemment » s'il ne nous est pas permis de tenir l'empire » en ce monde, aussi n'avez-vous pas le droit » de mettre la main à l'encensoir. » C'est aussi d'après les mêmes principes, que Saint Ambroise disait à Valentinien : « Ne vous flattez » point, ô Empereur, que votre puissance » vous donne quelque droit sur les choses

» divines : les palais dépendent de l'Empereur,
» et les églises des Pontifes. »

Aussi, les empereurs chrétiens se faisaient-ils un devoir de publier, par des lois même, qu'il n'était point permis à qui que ce fût, de s'immiscer dans les affaires ecclésiastiques, si l'on ne comptait parmi les évêques.

Les rois de France n'ont pas montré moins de respect que les empereurs, pour l'autorité de l'Eglise : et s'ils ont rendu des ordonnances sur des matières de religion, ce n'a été qu'après que l'Eglise les avait déjà examinées et réglées, et uniquement pour communiquer à ses décisions, non pas une sanction dont elles n'avaient nul besoin pour obliger en conscience, mais une force coërcitive qui pût y assujettir les rebelles eux-mêmes.

Il est donc constant que les princes ne peuvent, sans crime, empiéter sur l'autorité de l'Eglise, et qu'il n'appartient qu'à cette Eglise de régler ce qui regarde la Religion : et s'ils font des lois sur de tels objets, ce ne doit être que pour imprimer le sceau de leur autorité souveraine à celles déjà portées par l'Eglise. Si l'on franchit ces bornes posées par la main de Dieu lui-même, il n'y aura plus qu'usurpation, que trouble et confusion.

Il est vrai que dans les derniers temps, l'ambition des parlemens avait ébranlé ces principes incontestables, et que leur esprit, longtemps combattu par nos rois, avait fini par s'avancer auprès du trône, à l'aide des conseillers formés à leur école. Mais aussi qu'en est-il résulté ? C'est que ces parlemens ont été engloutis, comme ces téméraires qui osèrent attenter aux droits du pontife Aaron. Qu'en est-il résulté ? Ah ! je ne le dis qu'avec douleur et tremblement ; c'est que le sceptre a été enlevé des mains du monarque, comme de celles du premier roi des Juifs, et que la puissance royale a suivi elle-même dans l'abîme celle des parlemens ; et Buonaparte n'a-t-il pas aussi porté la terrible peine de ses sacriléges usurpations ?

Dès qu'il paraît, par politique ou autrement, il affecte de lever son glaive en faveur de l'Eglise : sa puissance s'accroît alors de la manière la plus rapide et la plus prodigieuse ; et bientôt il est parvenu au comble de la grandeur. Mais alors il veut asservir l'Eglise ; il foule aux pieds ses droits sacrés ; il devient son oppresseur et son ennemi : et dès ce moment, il commence à savoir ce que c'est que revers : son empire chancelle ; et bientôt son pouvoir colossal est tout à coup renversé, tandis que le chef de l'Eglise est encore son prisonnier : et le maître absolu des nations est obligé de recevoir leurs chaînes.

Mais est-il donc si surprenant que le Tout-puissant venge ainsi les attentats des puissances sur l'autorité de l'Eglise. N'est-il pas constant que la divine Providence exerce les châtimens les plus effroyables sur les peuples qui ont le malheur d'attenter au pouvoir de leurs Souverains ? ne les livre-t-elle point aussitôt à la confusion de l'anarchie, aux fureurs des partis, pour les faire passer ensuite sous le joug oppresseur d'un tyran ? Cet ordre a été reconnu par les païens eux-mêmes : mais la France, plus que toute autre nation, en a fait la plus cruelle expérience. Mais si Dieu punit si sévèrement les peuples qui lèvent l'étendard de la rébellion contre leurs princes, traitera-t-il avec moins de rigueur les rois qui attentent à l'autorité qu'il a lui-même confiée à son Eglise ; autorité qui doit être bien plus chère encore à son cœur que celle des Souverains, puisqu'elle a pour objet d'unir la terre avec le Ciel, les hommes avec Dieu ; puisqu'elle a pour objet de procurer une félicité sans borne et sans fin, tandis que l'autorité temporelle ne lie les hommes qu'entr'eux, et qu'elle ne peut leur faire espérer qu'une protection de quelques années, sans pouvoir leur assurer une heure de vrai bonheur? Ne paraît-il pas encore tout naturel que l'Eternel punisse les rois de leurs usurpations sacriléges, en les dépouillant de leur propre autorité, qu'ils tournaient contre lui-même? Et comment ces rois pourraient-ils espérer que leurs sujets, encore que tel fût leur devoir, demeureraient invariablement soumis à leur autorité, tandis qu'en leur présence, ils fouleraient eux-mêmes aux pieds une autorité infiniment plus sacrée? Non, il n'en sera point ainsi, Ministres du Roi, quoi que vous puissiez penser de la doctrine que je développe et que je regarde comme appuyée sur la triple base de la foi, de la raison et de l'expérience. C'est pourquoi je ne crains pas de vous dire que si, par un zèle mal entendu, vous vous efforcez d'étendre l'autorité royale au préjudice de celle de l'Eglise, loin d'affermir le trône, vous l'affaiblissez, vous l'ébranlez, vous préparez sa ruine. Méditez profondément et sans prévention, les vérités et les observations que je viens de mettre sous vos yeux; et vous serez, comme moi, convaincus que si le Gouvernement doit protéger la Religion, il est encore plus nécessaire qu'il en respecte toujours les droits.

Je ne prétends pas toutefois interdire aux Princes de veiller au maintien de leur propre autorité ; mais alors même, ils ne doivent pas oublier que l'Eglise est leur mère qu'ils doivent toujours honorer, et qui mérite à tous égards leur vénération, leur confiance et leur amour. Ils ne doivent point oublier que cette Eglise se fait un devoir de respecter leurs droits et de les défendre même avec zèle lorsqu'on les attaque ; en sorte que loin d'être dangereuse pour la puissance des rois, elle en doit être regardée comme le plus ferme appui. Ah ! les partisans de la révolution en sont bien convaincus ; et c'est pour cette raison qu'ils ne cessent de la signaler aux peuples comme la principale citadelle du despotisme, comme l'inépuisable arsenal qui fournit aux tyrans les chaînes des nations. Les princes surtout ne doivent jamais oublier que toutes leurs mesures, toutes leurs précautions, ne doivent point porter la plus légère atteinte au libre exercice de la puissance ecclésiastique. Si vos lois, Ministres du Roi, ne sont pas en harmonie avec ces principes incontestables, elles auront sans doute l'approbation des ennemis de la Religion, parce qu'elles consacreront l'impiété de leurs soupçons, de leurs préventions, de leur mépris et de leurs calomnies, mais elles seront tout-à-fait indignes d'un roi sage et juste, d'un roi chrétien et fidèle, et plus encore d'un Charles X.

Je ne prétends pas non plus attaquer, soit les priviléges de la Couronne, soit les libertés de l'Eglise gallicane. J'ai fait à cet égard ma profession de foi, quand j'ai proclamé l'indépendance de la puissance royale. Mais ma conscience ne laisse point d'exiger que tous les priviléges qu'on allègue, soient solidement établis. Elle exige surtout que ces libertés ne soient point étendues au-delà de leurs justes bornes, comme on ne le fait que trop : et j'avoue que je ne suis nullement tranquille, quand je vois ces libertés recueillies, préconisées, interprétées, non par le corps de nos pontifes, que le Saint-Esprit a seuls chargés de m'instruire et de me diriger, mais par de simples jurisconsultes, mais par les disciples des parlemens, ouvertement violateurs des droits de l'Eglise, mais par les ennemis déclarés de nos dogmes et de notre créance, qui ne se servent de ces libertés que pour introduire parmi les fidèles, comme parmi les citoyens, l'esprit d'indépendance, la haine et le mépris de l'autorité, la licence et la rébellion. Ministres du Roi, méfiez-vous de leur zèle pour l'extension de votre pouvoir, parce qu'il ne découle que de leur aversion pour un pouvoir supérieur, pour le pouvoir de l'Eglise, parce qu'il ne découle que de leur aversion pour toute autorité, pour toute dépendance : et dites avec le poète : *Timeo Danaos et dona ferentes.*

Je remarquerai en outre, qu'il y a des matières *mixtes*, qui intéressent à la fois l'Eglise et l'Etat. Ces matières demandant le concours des deux pouvoirs, ne peuvent être réglées que d'un commun accord. Mais il est quelquefois difficile de fixer jusques à quel point ce concours est nécessaire de part ou d'autre : c'est pourquoi il devient de la plus grande importance qu'il règne une parfaite harmonie entre les deux puissances qui doubleront leurs forces respectives en demeurant ainsi unies.

Voilà, Ministres du Roi, quel doit être l'esprit de la nouvelle législation que la Religion réclame. Malheur à vous, malheur à la patrie, malheur à tous, si ce vœu de la Religion est méprisé. Interrogez actuellement votre conscience, et examinez si vous vous sentez assez forts contre les préjugés du siècle, pour n'en recevoir aucune influence; assez éclairés sur les droits de la Religion, pour ne jamais les blesser; assez pénétrés de ses avantages, pour les rechercher sans cesse avec empressement; assez instruits de ses besoins, pour n'en négliger aucun; assez zélés pour ses intérêts, pour vous en occuper avec une ardeur toujours nouvelle. Sans faire injure à vos principes religieux, je crois que vous devez reconnaître que vous ne pouvez point vous charger seuls d'une œuvre de cette nature, qui ne peut guère être confiée qu'à des ecclésiastiques.

C'est pour cette raison que j'appuierai de toutes mes forces le vœu déjà émis dans la Chambre des Députés; et j'insisterai pour que l'on établisse dans le Conseil d'Etat, une section composée d'ecclésiastiques, et qui soit exclusivement chargée des affaires de la Religion. C'est une institution sans laquelle le ministère créé par Louis-le-Désiré, ne pourrait opérer qu'une faible partie du bien immense qu'il promet à la France, quels que soient d'ailleurs le zèle et la capacité du célèbre Evêque choisi pour le remplir. Sans ce soutien, la restauration ne marchera que d'un pas timide et chancelant, les lois vicieuses subsisteront long-temps, les lois nouvelles seront imparfaites, les affaires languiront, et le Ministre sera bientôt accablé sous le poids d'un fardeau qui ne peut être porté que par plusieurs : et si l'on continue d'avoir recours pour cet objet à des hommes étrangers au sanctuaire, l'Eglise aura toujours peu à espérer, et tout à craindre. Pourquoi donc pourrait-on hésiter d'adopter un tel projet? Le Roi ne pourrait-il pas compter sur le dévoûment des hommes qu'il aurait lui-même choisis parmi les ecclésiastiques les plus distingués, tant par leur zèle pour le trône, que par leur science, leur piété et leur sagesse? De tels hommes respecteraient également les droits de la Couronne et ceux de la Religion, ils auraient à la fois, et la confiance du Prince, et celle de l'Eglise : et dès-lors, l'union la plus parfaite entre les deux pouvoirs serait assurée pour toujours, les abus disparaîtraient au plus tôt, et le bien ferait les progrès les plus rapides.

J'ose même avancer, Ministres du Roi, que vous n'aurez qu'à vous féliciter de cette innovation. Non-seulement vous pourrez mieux soigner vos administrations respectives, qui réclament tout votre temps et toute votre attention ; non-seulement vous serez déchargés de la responsabilité la plus effrayante pour des croyans, mais encore vous aurez bien moins à redouter les tempêtes qui, dans un gouvernement représentatif, menacent sans cesse les hommes qui conduisent le vaisseau de l'Etat, et qui les enlèvent du gouvernail avec une promptitude qui les avertit de se tenir constamment sur leurs gardes. Car, si vous demeurez chargés des affaires ecclésiastiques, vous serez toujours exposés aux attaques des amis de la Religion. Si vous faites des fautes, comme c'est inévitable, on vous les reprochera avec cette force qu'inspireront les terribles conséquences dont on sera frappé, et même avec cette sévérité que produiront les préventions, que l'on conservera toujours contre des hommes qui se mêlent de ce qui n'est guère de leur compétence : et ne feriez-vous point de fautes, par un effet des mêmes préventions, on verra du mal là où il n'y en aura peut-être que des apparences : on estimera peu le bien que vous opèrerez, on vous demandera le compte le plus rigoureux de celui que l'on croira en votre pouvoir; en sorte qu'avec même des intentions droites, vous serez exposés au danger presque insurmontable de ne satisfaire pleinement personne, et de faire beaucoup de mécontens, et encore parmi les Français les plus ardens pour le bien. Oui, Ministres du Roi, si vous connaissez bien vos intérêts, vous vous empresserez d'éviter l'écueil que je vous signale en ce moment. Et vous, Ministre, en qui la France chrétienne se plaît à mettre ses plus chères espérances, vous devez employer toute l'influence de votre crédit, et toute la force de votre éloquence, pour obtenir de vos collègues, ou plutôt de notre Roi bien-aimé, une institution aussi utile à l'Etat, aussi précieuse pour l'Eglise, aussi nécessaire pour la Religion.

Je ferai maintenant l'application des principes généraux que j'ai établis, et j'entrerai dans quelques détails sur les améliorations particulières qui me paraissent les plus urgentes.

J'exposerai d'abord que la révolution ayant considérablement affaibli le respect des fidèles pour les ministres de la Religion, respect sans lequel ils ne peuvent faire le bien, il est nécessaire de porter des dispositions législatives propres à les faire honorer des peuples. Toute loi et toute mesure même, qui s'écartera de cet esprit, deviendra plus ou moins pernicieuse.

Cela posé, je demanderai que les ecclésiastiques ne puissent avoir d'autres juges que leurs évêques, pour tous les manquemens qui se rattacheront à leurs fonctions. Si les militaires ont leurs lois, leur discipline et leurs juges, pourquoi les ministres de la Religion ne jouiraient-ils pas du même privilége ? Qui peut être compétent pour prononcer sur de tels délits, sinon les évêques ? Et soumettre de pareilles causes à des juges séculiers, ne serait-ce pas évidemment blesser toutes les convenances, avilir le sacerdoce, violer ses droits les plus sacrés, et détruire la liberté du saint ministère? Ne serait-ce pas renverser évidemment l'ordre établi de Dieu? Ne serait-ce pas faire asseoir sur le tribunal de Jésus-Christ, la passion, la prévention, et tout au moins l'incapacité, et cela pour prononcer sur les intérêts les plus délicats et les plus précieux, pour juger les juges eux-mêmes, pour juger ceux que l'on doit vénérer autant que des anges, et plus que des pères? Ne serait-ce pas évidemment chasser les évêques de leurs siéges, et gouverner, à leur place, l'Eglise que le Saint-Esprit n'a confiée qu'à eux? Aussi j'oserai protester qu'un tel abus ne peut être légitimé ni en aucun temps, ni en aucun lieu, et qu'il ne peut jamais être considéré que comme une inexcusable usurpation.

Passant à l'examen de la loi sur les *Fabriques*, j'observerai que plusieurs dispositions de cette loi sont évidemment du ressort de la puissance ecclésiastique : il eût été, par conséquent, fort convenable de l'y faire intervenir. C'étaient anciennement les Evêques qui faisaient ces sortes de règlemens.

Cette loi est en outre trop compliquée pour

les fabriques des paroisses rurales, c'est-à-dire pour la plus grande partie des églises du royaume. Aussi, qu'arrive-t-il? c'est qu'elle n'est observée presque nulle part. Il faudrait donc la simplifier et la mettre à la portée de l'étroite capacité de ceux qui doivent l'exécuter. On pourrait faire deux classes de fabriques, composées, la première, des chefs-lieux d'arrondissement et de département; et la seconde, de toutes les autres.

Je vois encore avec peine que cette loi n'accorde pas assez à l'autorité ecclésiastique. Pourquoi ne pas laisser à l'évêque le choix de tous les conseillers de la fabrique? Ne suffirait-il pas que le Maire en fût membre de droit? Mais ce qui m'afflige le plus, c'est de voir, et dans l'église, un paysan, un homme de scandale, un impie même, présider le conseil ou le bureau, au préjudice du curé, qui est mis au-dessous de lui! Pouvait-on humilier plus sensiblement un pasteur? Pouvait-on le ravaler davantage aux yeux de ses paroissiens? Et que l'on ne dise pas que l'on n'a point à gémir de pareils choix. Il est vrai que dans beaucoup de conseils on a repoussé avec horreur une telle prérogative; mais il en existe aussi un grand nombre, animés d'autres sentimens, et je pourrais moi-même en citer plus d'un, présidés par des impies déclarés. C'est pourquoi je ne conçois pas comment on a pu consacrer des dispositions aussi injurieuses au sacerdoce, dans la première ordonnance rendue sur la Religion, par Charles-le-Bien-aimé, dans la première ordonnance d'un intérêt général, proposée par le ministère des affaires ecclésiastiques. Est-ce ainsi que l'on ressuscitera dans les peuples le respect pour l'autorité? Je ne crains pas d'avancer que, dans tous les temps, de pareilles dispositions n'ont pu que nuire au bien; mais, dans les circonstances actuelles, elles me paraissent vraiment alarmantes; et j'avouerai que j'ai réellement tremblé, à l'aspect de ces prémices de notre future législation.

Les amis de la Religion remarquent aussi avec douleur, que la dotation du clergé n'est pas suffisante pour le rendre tout-à-fait indépendant des fidèles; ce qui serait néanmoins nécessaire pour assurer aux prêtres, soit la liberté dont ils ont besoin pour remplir leur devoir avec la fermeté convenable, soit le respect sans lequel ils ne sauraient faire le bien, respect qui ne peut guère se maintenir, si l'on n'est à même de distribuer d'assez abondantes aumônes, et surtout si l'on est obligé de compter pour sa propre subsistance, sur les libéralités des peuples. Le Gouvernement a peu à ajouter aux sacrifices qu'il a faits. J'estime pourtant qu'il doit se hâter d'augmenter le traitement des vicaires, qui ne peut guère être moindre de 600 francs. Mais je demanderai encore avec plus d'instance, au moins 400 fr. pour le binage dans les paroisses vacantes, et 200 pour le service seulement. Ce n'est qu'à cette condition, qui n'a rien que de juste, que l'on peut espérer d'adoucir le sort de ces paroisses infortunées. Si l'on persiste à n'offrir qu'un surcroît considérable de travail, avec une augmentation de dépense, sans une indemnité suffisante pour compenser même ce que l'on perd, on doit se persuader que, par la force même des choses, ces paroisses continueront de ne recevoir que de très-faibles secours. C'est là, à mon avis, le besoin le plus pressant de la Religion ; et je fais les vœux les plus ardens pour qu'il y soit au plus tôt pourvu.

Il me semblerait aussi à propos, que le traitement des desservans fût proportionné à la population des paroisses, et qu'il y eût au moins deux classes formées : l'une, de ceux qui seraient chargés de mille âmes et au-dessus ; et l'autre, de ceux qui en auraient moins de mille. Je désirerais que l'on pût incessamment

porter le traitement des premiers à 1000 fr.
J'observerai de plus, que les fonctionnaires ecclésiastiques devraient être admis à la retraite, comme les fonctionnaires civils, et qu'il est bien surprenant que l'on n'ait pas encore effacé de nos lois une exception aussi odieuse. Il y en a encore une autre dont la suppression ne paraît pas moins convenable, c'est celle qui refuse à l'administration ecclésiastique, la franchise attribuée à l'administration civile et judiciaire. Pourquoi un évêque ne doit-il pas jouir de l'avantage de correspondre sans frais, par *lettres* comme par *mandemens*, avec les fonctionnaires ecclésiastiques de son diocèse, et réciproquement, tandis que les préfets et les maires ont entr'eux cette faculté, sans aucune restriction? On conçoit que cela se soit pratiqué sous Buonaparte, qui avait pour maxime, d'accorder le moins possible aux prêtres; mais on est bien étonné que de telles dispositions, et plusieurs autres dans le même esprit, soient si long-temps maintenues sous un gouvernement religieux.

CHOIX DES ÉVÊQUES.

Je peux me dispenser de m'étendre beaucoup sur la nécessité de choisir de dignes évêques. On est assuré que sous Charles comme sous Louis XVIII, on ne mettra à la tête des diocèses, que les ecclésiastiques les plus recommandables par leur science et par leur piété. Une telle certitude est bien honorable pour le trône, et bien consolante pour les amis de la Religion. Que ce bienfait du Ciel mérite notre attention et notre reconnaissance! Que n'avons-nous point à attendre d'un tel ordre de choses; que n'aurions-nous point à craindre s'il en était autrement! Ministre dépositaire des intérêts de l'Eglise, vous connaissez mieux que qui que ce soit, l'extrême importance de votre mandat. Vous ne vous dissimulez point que vous portez dans vos mains, je ne dirai point les destinées de l'Eglise de France, mais les destinées même de la monarchie. C'est pourquoi vous redoublerez d'efforts et de précautions, pour ne nous donner que de dignes Prélats.

Cependant, puisqu'il s'agit, pour ainsi dire, du salut de la patrie, qu'il me soit permis de présenter quelques considérations sur la qualité qui me paraît la plus nécessaire à un évêque : et ce n'est ni de la science, ni du zèle même que je veux parler; car, avec ces seules qualités, quelque indispensables qu'elles soient, le bien pourrait languir dans les diocèses. Mais je veux parler de l'*art d'administrer*, sans lequel on ne peut être appelé vraiment *évêque*.

Cet art consiste à mettre chacun à sa place; c'est-à-dire là où, eu égard à sa capacité et à toutes les circonstances, il est à même de faire le plus de bien, et à veiller ensuite à ce que chacun remplisse ses devoirs particuliers, d'une manière de plus en plus parfaite; en sorte que le bien croisse rapidement dans les colléges comme dans les séminaires, dans les cloîtres comme dans le monde, dans les hameaux comme dans les cités, dans l'école du pauvre comme dans celle du riche. Cet art consiste à faire les règlemens les mieux adaptés aux besoins et à la situation particulière de l'Eglise que l'on gouverne, employant à propos et une salutaire sévérité et une prudente condescendance. Cet art consiste à se faire chérir des bons prêtres, craindre des mauvais, respecter et obéir de tous : il consiste à rendre de plus en plus vénérable aux yeux des fidèles, le ministère sacerdotal : il consiste à entretenir l'harmonie avec les autorités, et à se les rendre favorables; sans leur faire aucune concession contraire aux droits de l'Eglise. Je pourrais sans doute pousser bien plus loin mon énumération : mais j'en ai bien dit assez pour démontrer que cet art requiert les qualités les plus difficiles à réunir. Car, n'exige-t-il point l'esprit le plus pénétrant, le plus droit et le plus judicieux? N'exige-t-il point à la fois, le zèle ardent et la prudence consommée? l'activité et la circonspection, la sévérité et l'indulgence, la fermeté et la modération? Et si une de ces qualités manque, l'expérience est là pour montrer les maux qui en dérivent.

On doit conclure de là, que les hommes propres à l'épiscopat ne peuvent être fort communs, et que, par conséquent, on ne saurait trop prendre de précautions pour s'assurer de l'aptitude des candidats; et la meilleure, à mon avis, est celle, comme l'Evangile nous l'enseigne, de ne juger du mérite de l'arbre que par les fruits que l'on *voit*, et non par ceux que l'on *espère*.

L'on doit encore en conclure, que puisque l'art d'administrer est si nécessaire, et en même temps si rare, il ne peut guère y avoir rien de plus utile que de songer aux moyens de conserver et de propager, autant qu'il sera possible, cet art sublime, que je ne crains plus maintenant d'appeler même *divin*. C'est de quoi je vais actuellement m'occuper.

SÉMINAIRE POUR TOUTE LA FRANCE.

Les évêques de France, toujours pleins de zèle pour l'honneur de l'Eglise gallicane, avaient déjà résolu d'établir à Paris une école nationale, chargée de la noble tâche de perpétuer les lumières parmi le Clergé. Je m'empare de cette belle conception, et en lui donnant les développemens dont elle est susceptible, j'y découvre avec joie le moyen le plus efficace pour assurer à l'Eglise d'excellens administrateurs. Voici donc comme j'envisage cet utile projet.

Je proposerais d'ouvrir, à Paris ou ailleurs, une maison ecclésiastique dont les élèves seraient fournis par tous les diocèses de France. Ces élèves ne pourraient être reçus, qu'autant qu'ils auraient terminé leurs études théologiques, et qu'ils auraient surtout été choisis parmi les sujets les plus distingués par leurs talens et par leur piété. Ils suivraient, pendant trois ans, trois cours principaux.

Le premier serait un cours de théologie morale. C'est là que les sujets deviendraient casuistes ; c'est là qu'ils se mettraient à même de donner des décisions exactes, quand, dans la suite ils seraient consultés : et qui ne sent combien ils se rendraient utiles aux diocèses, où les docteurs commencent déjà à être si rares? Qui ne sent encore combien une telle science est nécessaire à un administrateur?

Le second cours serait sur le droit canon. Cette partie, tout-à-fait négligée, va être bientôt généralement ignorée. Les ecclésiastiques, même les plus éclairés, n'ont là-dessus que des connoissances très-superficielles; et le temps n'est pas loin où l'on trouvera à peine un habile canoniste dans toute la France. Cependant c'est une science dont tout prêtre devrait avoir des notions plus ou moins étendues, mais dans laquelle un administrateur doit être très-versé, puisqu'il en fait un usage continuel, et que tous ses actes ne sont, pour ainsi dire, que l'application des saints canons.

Le troisième cours, plus essentiel que les deux autres, roulerait sur l'administration. C'est là que les sujets apprendraient d'abord la science pratique des confesseurs, ensuite celle du gouvernement d'une paroisse, et enfin l'art d'administrer un diocèse.

Les deux premiers objets sont traités fort légèrement dans les séminaires, soit parce que les pressans besoins de l'Eglise ne laissent guère le temps de les approfondir, soit parce que quelquefois les directeurs peuvent ne pas posséder suffisamment des matières qui demandent l'expérience du ministère. Il est vrai qu'il y a là-dessus d'excellens ouvrages : mais il faut les lire ces ouvrages, il faut les méditer, il faut les entendre même ; et le cours dont je parle amènerait ce précieux résultat, du moins pour les sujets qui le suivraient, et ceux-ci communiqueraient ensuite leurs lumières aux prêtres qu'ils auraient à conduire.

Quant à l'art d'administrer un diocèse, on le regarde moins comme un art, que comme un don que l'on reçoit de Dieu, et que l'on ne peut pas obtenir par l'étude et par l'application ; tout au plus pourrait-on l'acquérir avec le secours d'une longue expérience. Mais tout cela est peu exact. Car, si l'on fait des traités très-solides sur la direction des consciences, et sur le gouvernement des paroisses, pourquoi ne pourrait-on pas en faire sur l'administration diocésaine? Pourquoi ne pourrait-on pas donner des règles de conduite très-bien établies, sur les innombrables objets qui se rattachent à cette administration? Est-ce que tous les actes de l'autorité ne doivent pas être fondés sur quelque principe certain? Et si l'on ne fait point toutes choses avec poids et mesure, et après un mûr examen, et tou-

3*

jours en s'étayant de quelque règle, ce ne seront plus la raison et la sagesse qui gouverneront, mais plutôt le caprice, l'arbitraire, et l'imagination : et de là que de fautes, que d'inconséquences, que de contradictions ne va-t-il pas s'ensuivre? En vérité, l'autorité qui se conduirait ainsi, ne pourrait que tomber bientôt dans le mépris, et dès-lors il ne lui serait plus possible de faire le bien.

Or il n'est point douteux que le cours dont je parle ne prévienne des maux aussi graves. On y apprendra à examiner, discuter et décider une question d'administration, comme l'on examine, l'on discute, l'on décide un cas de conscience. L'art sublime de l'administration ne sera plus le partage exclusif de quelques esprits privilégiés, mais il deviendra commun à tous ceux qui en auront besoin. Et, de plus, un tel cours va amener naturellement cette uniformité de vues, de principes et de conduite qui, actuellement, règne si peu, au grand détriment du bien, et souvent même au scandale des fidèles; cette uniformité qui va transformer l'Eglise de France en un seul diocèse, et communiquer au saint ministère une autorité et une force qu'on ne saurait assez apprécier.

Il me semble avoir démontré qu'une école

ainsi organisée, serait infiniment précieuse pour l'Eglise. Il ne s'agirait que de lui donner des maîtres capables de remplir leur honorable tâche, et surtout un chef digne d'elle ; et pour cela, je voudrais que celui-ci fût évêque, ce qui, au premier abord, paraîtra peut-être ridicule. Mais si on réfléchit, on comprendra que le cours d'administration ne peut être confié qu'à quelqu'un des grands-vicaires du royaume, qui se font le plus remarquer par leur talent pour administrer, démontré par une expérience non équivoque, et c'est ce même sujet qui doit être nécessairement placé à la tête de la nouvelle maison. Le supérieur doit donc être un des premiers candidats pour l'épiscopat. Dès-lors, n'est-il pas dans l'ordre de la justice et de la prudence même, de lui présenter cette dignité. Et l'obliger à en faire le sacrifice, ne serait-ce pas exposer la maison à n'avoir que des sujets médiocres pour la diriger, tandis qu'elle ne peut être florissante qu'autant qu'elle aura pour chef, non-seulement un des plus habiles administrateurs, mais encore un homme capable de régir une communauté de cette nature ; deux qualités indispensables, et pourtant rares chacune par elles-mêmes, et conséquemment si difficiles à réunir dans le même sujet ? Pourquoi exiger encore de lui une humilité héroique? Mais serait-on même assuré qu'une perspective si peu attrayante pour le plus grand nombre, ne refroidirait aucun des sujets capables, je croirais encore que la maison n'aurait qu'à gagner à ce que le supérieur fût élevé à l'épiscopat : car s'il est revêtu d'une telle dignité, ne sera-t-il pas beaucoup plus considéré des autres prélats? n'aura-t-il pas surtout infiniment plus d'autorité sur les séminaristes et sur les maîtres eux-mêmes, ce qui est extrêmement important? Et ne peut-on pas dire en outre, que l'éclat de sa mitre va, soudain, fixer les regards de toute la France, et de la catholicité même, et donner à la maison, dès son origine, une célébrité qui lui est comme nécessaire pour s'établir et pour se consolider? C'est pourquoi j'affirmerai, sans hésiter, qu'il n'y a que des avantages pour la maison, si le supérieur est évêque, et qu'elle a tout à craindre s'il ne l'est pas.

Voilà sur quelles bases je souhaiterais que cette école fût organisée. Je ne vois aucun obstacle réel à son établissement; et toutes les difficultés qu'on peut opposer sont aisées à lever. Que le Gouvernement fournisse un local convenable, ainsi que les premières avances; qu'il choisisse un homme capable, et la maison va être à l'instant sur pied; et l'épiscopat français va tressaillir de joie, et l'épiscopat français va briller d'une nouvelle splendeur. Ministres du Roi, je vous rends donc personnellement responsables, et envers l'Eglise, si elle est privée d'une maison qui lui promet tant de bien, et envers Charles X lui-même, si une telle institution manque à la gloire de son règne.

PETITS SÉMINAIRES.

Louis XVIII a porté un coup mortel à la révolution, en confiant l'instruction publique à un évêque, et à un évêque tel que celui qu'il a choisi. Car, ne sommes-nous pas en droit d'espérer que toute la jeunesse du royaume va être régénérée, et que, par conséquent, la France deviendra une nouvelle nation? Il ne s'agit pour cela, que de faire jouer convenablement ce puissant moyen de restauration: je viens offrir encore là-dessus quelques idées. Je m'occuperai d'abord de ces maisons qui renferment les jeunes clercs, c'est-à-dire l'espoir du Sanctuaire et de l'Eglise. J'exprimerai la peine que je ressens, en voyant que le Gouvernement fait si peu pour de si précieux établissemens. Est-ce qu'ils ne devraient point être l'objet de sa protection spéciale? Et cependant toutes ses faveurs se bornent à autoriser l'érection de ces maisons; et encore ce n'est pas sans beaucoup de difficultés qu'on obtient cette faculté. Est-ce sentir le prix et la nécessité de ces noviciats du sacerdoce!

Je crois donc que le Gouvernement doit s'empresser d'encourager l'œuvre des petits séminaires, en leur donnant des secours, soit pour les bâtimens à obtenir, construire ou réparer, soit en y fondant quelques bourses, soit en accordant un traitement aux premiers directeurs du moins de ces maisons.

COLLÉGES MIXTES.

On a cru rendre un grand service à la fois, et à l'Eglise et à l'Etat, en attirant dans les colléges, la jeunesse cléricale. Je me fais un plaisir de reconnaître la pureté des intentions que l'on a eues, mais en même temps un devoir d'examiner ici si l'on a l'espoir fondé d'atteindre le double but qu'on s'est proposé.

Je ne peux pas contester que les colléges n'aient beaucoup à gagner dans cette société: mais l'on doit aussi convenir que les jeunes clercs ont également beaucoup à perdre. Continuellement mêlés avec les ardens amateurs du monde et de ses plaisirs, il leur sera bien difficile de se remplir de l'esprit ecclésiastique, de cet esprit qui est la vie du prêtre, et l'âme de l'Eglise. Les maîtres de ces jeunes clercs attestent qu'ils rencontrent mille obstacles pour pénétrer leurs élèves de l'esprit de leur vocation, et cela, lorsqu'ils sont entièrement séparés du monde, lorsque toutes les études, tous les exercices, tous les soins et tous les efforts ne sont dirigés que vers ce but; que sera-ce donc, lorsque les difficultés auront doublé, et que l'on ne pourra plus se servir de la plupart des moyens qui remplissent insensiblement l'âme de ce divin esprit! Car la prudence et la discrétion ne permettront de s'occuper que fort peu de la vocation ecclésiastique.

Un tel ordre compromet donc essentiellement les plus chers intérêts de l'Eglise, l'éducation des clercs, et par suite les intérêts même de l'Etat. Que les Evêques séparent donc entièrement du siècle, les élèves du sanctuaire; qu'ils s'attachent exclusivement à les former aux vertus sacerdotales; et, devenus prêtres, ils rentreront dans la société, pour lui rendre au centuple le bien dont elle avait été momentanément privée. C'est là mon sentiment, et je conjure les Evêques de l'examiner avec une attention particulière.

COLLÉGES. — JÉSUITES.

Il n'est pas nécessaire d'avoir l'esprit bien pénétrant, pour comprendre que les colléges ne peuvent devenir florissans, que lorsqu'ils seront confiés à des hommes qui n'aient d'autre désir que celui du bien, d'autre ambition que celle de se rendre utiles; à des hommes qui puissent sacrifier leurs intérêts personnels, pour ne rechercher d'autres bénéfices que celui du progrès de la science, et plus encore de la vertu. Mais ce ne serait pas encore assez de n'avoir que des vues excellentes, il est encore peut-être plus nécessaire qu'il existe un accord parfait entre les maîtres de la même maison.

Or, il est facile de voir qu'il n'y a guère qu'une congrégation religieuse qui puisse remplir ces conditions indispensables. La divine Providence nous a miraculeusement conservé celle à qui les lettres et les sciences doivent une grande partie de leur gloire, celle qui semble seule posséder le don d'enseigner la jeunesse, en un mot, l'immortelle famille de Saint Ignace. Il y a déjà quelques années que quelques enfans de cette glorieuse famille, échappés aux fureurs de l'impiété, se sont empressés de venir nous offrir de nouveau le secours de leur zèle, de leurs talens et de leur expérience : les vrais amis du bien les ont revus avec la joie la plus vive : ces religieux prouvent tous les jours qu'ils méritent maintenant, comme autrefois, de tenir le premier rang parmi les maîtres de la jeunesse. Et cependant nous avons la douleur de voir que des hommes aussi recommandables et aussi utiles à la société sont obligés de répudier parmi nous un nom qui vivra à jamais dans les fastes de la Religion et des lettres. Nous avons la douleur de voir que de tels hommes n'ont parmi nous qu'une existence précaire, et qu'un Gouvernement restaurateur n'ose point encore, pour ainsi dire, les nommer.

Pour moi, je crois devoir demander, pour l'honneur du trône et le bien de la patrie, que l'on déchire à l'instant le fatal arrêt de proscription prononcé contre une société si vénérable, et qu'on se fasse un devoir de lui donner une existence légale, de lui témoigner solennellement l'estime et la confiance qu'elle mérite, un devoir surtout de la protéger avec zèle, afin qu'elle puisse s'accroître avec plus de rapidité, et porter bientôt l'esprit de régénération dans la plus grande partie de nos colléges.

Je sais que leurs ennemis, plus ou moins libéraux, vont pousser des cris d'alarme. Mais c'est précisément ce qui doit redoubler notre confiance et notre sécurité : je ne vois pas, Ministres du Roi, de meilleure preuve de la sagesse et de l'utilité d'une telle résolution; et dès qu'une telle mesure doit exaspérer les indépendans, je ne puis plus douter qu'elle ne soit du plus grand secours pour l'affermissement de la monarchie. Méprisez donc, Ministres du Roi, ces vaines clameurs, qui feront peu d'impression : ne songez qu'à mériter les suffrages non suspects des vrais amis du trône: marchez vers le bien que vous voyez et que vous désirez, non d'un pas timide et chancelant, ce qui ne peut convenir qu'à ceux qui tendent au mal, mais avec un air d'assurance, de franchise et de fierté même, qui annoncera à la fois votre force et l'excellence de vos intentions. Et ce sera aussi le moyen le plus efficace pour déconcerter vos éternels contradicteurs, qui seront peut-être ensuite les premiers à livrer leurs enfans à ces maîtres qu'ils affectent de poursuivre avec acharnement.

ÉCOLES DE PHILOSOPHIE.

J'appellerai l'attention du Ministre des Affaires Ecclésiastiques, ainsi que celle des Evêques, sur les écoles de philosophie. Car, comme l'illustre auteur de l'*Essai sur l'Indifférence*, je les regarde comme dangereuses pour la société, du moins organisées comme elles le sont aujourd'hui ; mais plus heureux que M. de la Mennais, quoiqu'à une distance infinie de la sublimité de son génie, j'espère transmettre aux autres ma propre conviction.

Et en effet, quelle est la méthode que l'on suit dans ces écoles ? On suppose, on exige même le doute de toute vérité, en sorte que l'on ne vous admet au nombre des disciples de Descartes, qu'autant que vous aurez renoncé à votre foi : car si vous ne devez croire à aucune vérité quelconque, qu'après l'avoir examinée, n'êtes-vous pas, par là même, obligé d'abjurer votre foi, qui n'est que la croyance de certaines vérités ?

Et ne nous dites pas, sectateurs de Descartes, que vous n'entendez nullement appliquer votre méthode aux vérités de la foi, votre maître ne fait point d'exception, ou, s'il en fait, il est en contradiction avec lui-même, et vous n'êtes pas plus sages que lui, aveugles propagateurs de ses systèmes. Car, quand dans votre imprudence, vous mettez sérieusement en question les premiers principes de certitude, ne mettez-vous point, par là même, nécessairement en question toutes les vérités qui reposent essentiellement sur ces principes, et conséquemment les vérités *révélées*, comme celles qui ne le sont pas? La foi a-t-elle d'autres fondemens que la raison, quoique plus élevée qu'elle? De quoi me servirai-je pour la foi, si ce n'est de ma raison, qui me découvre et ce que je dois croire, et pourquoi je dois croire? Et dès que vous examinez ma raison, et les principes qui la constituent, n'examinez-vous point par voie de conséquence toutes les vérités que je crois? et si, comme vous le faites, vous retranchez à la fois, quoique provisoirement, tous ces principes constitutifs, ma foi ne devient-elle pas alors parfaitement semblable à un édifice dont on enlève tout à coup les fondemens, et qui, par conséquent, s'écroule au même instant? Est-ce là le moyen d'affermir ma foi? car je rends justice à vos intentions, c'est là le but principal que vous vous proposez dans vos leçons, et c'est l'avantage que vous m'en faites espérer. Hélas! vous voulez affermir ma foi, et vous commencez par me l'ôter ; ou, si vous ne l'ôtez point, c'est uniquement parce que je n'aperçois pas tout à coup la connexité des vérités que je crois, avec celles que vous voulez me prouver ; ou, si je l'aperçois, ma foi me commande à l'instant de croire, avant même d'avoir examiné votre première preuve, et de repousser avec horreur le doute méthodique que je ne pourrais plus laisser approcher de mon esprit, sans y éteindre la foi.

La méthode de Descartes ne tend donc, par elle-même, qu'à ruiner la foi des chrétiens qui l'embrassent dans toutes ses conséquences. On ne saurait donc se trop munir d'antidotes contre le poison subtil et mortel qu'elle renferme. Voici ce que je souhaiterais ardemment qu'on pratiquât.

Je voudrais qu'un philosophe chrétien ne mît jamais en question une vérité qui appartînt à la foi, directement ou indirectement, ou s'il la mettait en thèse, que la première preuve qu'il apportât fût l'autorité de la foi. Par cet ordre, le disciple demeurerait croyant, et les preuves qui découvriraient à sa raison la vérité qu'il croit déjà, ne pourraient que rendre sa foi et plus ferme et plus vive. Et n'est-ce pas là la pratique constante de l'Eglise, qui propose d'abord à l'humilité et à la soumission de la foi de ses enfans, les vérités saintes qu'elle leur développe ensuite? Comment osons-nous mépriser l'exemple et les leçons de cette Église inspirée de Dieu, et dépositaire infaillible de la vérité?

Ce n'est pas tout. Je ne vois qu'avec une douleur mêlée d'indignation, que les philosophes, même religieux, mettent en question la certitude des premiers principes inhérens à notre nature, certitude que l'homme est invinciblement forcé de croire; en sorte que ce n'est pas assez pour la philosophie de m'ôter la vie surnaturelle de la foi, elle veut encore m'arracher la vie substantielle de mon être, mon âme toute entière; ce n'est pas assez pour elle de m'obliger de renier ma qualité de chrétien, elle veut encore que je renie la qualité d'homme, de créature raisonnable : ce n'est pas assez pour elle de m'enlever le bonheur de voir Dieu dans le Ciel, elle ne veut pas même me laisser celui de le voir sur la terre avec l'intelligence qu'il m'a donnée : ce n'est pas assez pour elle de me livrer à la mort, aux ténèbres de l'enfer, elle veut que ces ténèbres effroyables commencent à me tourmenter et à m'accabler, dès cette vie même, dans le véritable enfer qu'elle essaie d'ouvrir en mon âme! Et ne prenez point mes paroles pour de vaines déclamations; elles ne sont que l'expression d'une vérité que je vois dans un jour parfait. Imprudens philosophes! vous osez annoncer des preuves des premiers principes, de l'*évidence*, par exemple! Insensés que vous êtes! et quelle preuve pouvez-vous donner qui soit plus claire que l'évidence? que peut-il y avoir de plus lumineux que la lumière même? Aussi je n'ai fait qu'ouvrir vos livres, et j'ai soudain reconnu que vos preuves ne faisaient qu'obscurcir la vérité que vous vouliez démontrer. Mais il y a plus, vous ne dites pas un seul mot que vous ne supposiez déjà votre thèse prouvée et reconnue; car, dans votre raisonnement, vous mettrez d'abord en avant un principe que vous présenterez comme certain; mais si je vous demande pourquoi vous me le donnez comme certain, pourquoi vous en tirez telle ou telle conséquence; qu'aurez-vous à me répondre, sinon que *cela est évident?* J'avoue que je ne conçois pas comment de telles absurdités sont enseignées si généralement, et depuis des siècles. Mais je suis surtout inconsolable que M. de la Mennais, lui-même, soit tombé dans ce précipice sans fond, lui qui nous l'avait si bien signalé.

Mais que faut-il donc que je dise à celui qui me demande des preuves, *qu'il voit, qu'il*

4

sent, qu'il pense, qu'il agit, qu'il est? C'est bien simple; je lui répondrai qu'il est un fou, plus digne des Petites-Maisons que les malheureux que l'on y envoie; et que je le serais autant que lui, si j'entrais avec lui en discussion, tandis que, de son aveu, il n'a plus ni intelligence, ni raison. Je deviendrais plus insensé que celui qui essaierait de faire raisonner un fou, mais un fou comme on n'en peut trouver, un fou qui a toutes les idées brouillées, sans en excepter une seule. Je serais plus insensé que celui qui s'obstinerait à faire voir des couleurs à un aveugle né.

Je dirai donc à M. de la Mennais, comme à tous les philosophes : vous voulez me montrer la vérité naturelle ou révélée, et vous commencez par me pocher les yeux de l'esprit, et vous m'ôtez l'unique moyen avec lequel je puis voir cette vérité! Comment n'avez-vous pas compris une inconséquence aussi frappante, et en même temps aussi effroyable? Car si à l'instant, je ne vous fuyais comme des fous déclarés tels par arrêt même du tribunal infaillible de la raison générale et du sens commun, vous m'entraîneriez avec vous dans le plus affreux des abîmes, sans espoir de pouvoir m'en retirer; nouveau caractère de ressemblance avec l'abîme destiné aux méchans.

Vous donc, qui voulez éclairer l'homme de la lumière de la vérité, laissez l'homme tel qu'il est sorti des mains de son Créateur. Je vous ai déjà sommés de lui laisser sa foi, je vous somme maintenant de lui laisser sa raison avec ses premiers principes. Montrez-lui, au contraire, avec la lumière de la parole sacrée, les beautés ineffables de cette image de Dieu qui est en lui, et qu'il a le malheur de ne pas connaître : un tel spectacle le ravira d'étonnement et d'admiration ; et chaque leçon de métaphysique le remplira d'un nouveau respect, d'une reconnaissance nouvelle, d'un nouvel amour pour Dieu et pour son Verbe éternel.

Si l'on me demande comment je prouverais la certitude de la vraie Religion, de la Religion de l'Eglise romaine, voici la méthode que je suivrais.

Si j'avais pour disciple un croyant, comme c'est d'ordinaire, j'éviterais, avec le plus grand soin, de lui suggérer la moindre idée de doute, et pour cela, je ne lui parlerais ni de preuve, ni d'examen ; mais je choisirais les vérités les plus capables de fortifier sa foi, que je lui présenterais de la manière que je croirais la plus propre à produire cet heureux effet, sans pourtant lui donner nul lieu de penser que c'est là mon but. Je lui développerais de mon mieux, les beautés et les perfections de la Religion, que, selon moi, il ne pourrait guère s'empêcher de reconnaître, d'admirer et de chérir; et par là, il me semble que sa foi se ranimerait, s'étendrait et se fortifierait, sans que j'eusse provoqué le moindre doute. Je partirais toujours de quelque vérité principale, révélée et enseignée de l'Eglise, de quelque texte sacré, fécond en développemens. Ainsi, en prenant ces paroles de Jésus-Christ : « La vie éternelle consiste à vous connaître » pour le vrai Dieu, ainsi que Jésus-Christ » que vous avez envoyé; » que ne pourrais-je point dire sur cette vie éternelle, sur cette connaissance du vrai Dieu, sur celle de Jésus-Christ, l'envoyé du Père? Ne pourrais-je point faire découler de ces seules paroles des sources abondantes de lumière, qui attacheraient de plus en plus à celui qui les a proférées? Je ferais de même pour tant d'autres textes que fournit l'Ecriture. Et l'on doit soigneusement remarquer qu'il n'y a pas une seule vérité de celles qu'on apporte en preuve, que je ne pusse présenter à mon auditeur, non à discuter, ce qui ne produit jamais la même impression, mais à voir, à contempler, à savourer.

C'est, suivant la même méthode, que je voudrais que l'on exposât en chaire les vérités de la Religion; et je ne pardonne point à un prédicateur de discuter devant les fidèles les questions qui se rattachent à la certitude de la foi : je ne les regarde plus comme répandant la semence de la vie, mais plutôt celle du doute, une semence de mort : ils ne convertissent point l'incrédule, s'il est là pour les entendre; et ils troublent, le plus souvent, la foi des croyans.

Mais si j'avais à convaincre un homme privé de la foi, quel qu'il fût, je crois que je pourrais suivre encore la même méthode, et espérer de faire entrer dans son esprit la vraie foi mêlée, pour ainsi dire, avec les vérités révélées que je présenterais à sa raison. Mais, en supposant que je préférasse le moyen de la discussion à celui de l'exposition, je m'écarterais de la marche la plus usitée, et je commencerais par où les autres finissent. Je choisirais deux ou trois preuves des plus simples et des plus frappantes, pour établir tout d'un coup la vérité de la Religion catholique. De cette manière, si mon auditeur sentait ma première preuve, et je suis persuadé qu'il le ferait, s'il cherchait la vérité de tout son cœur, de cette manière, dis-je, à la première conclusion qu'il m'accorderait, il deviendrait vrai croyant; tandis qu'en suivant la méthode la plus ordinaire, on ne peut le rendre fidèle qu'après lui avoir successivement fait admettre une chaîne de vérités, toutes plus obscures que celles que je lui présente dès le premier abord. Et qu'on ne me traite point de novateur : je ne défends ici que la méthode employée par Jésus-Christ et les Apôtres. Car, comment ont-ils converti les infidèles, si ce n'est en exposant les vérités à croire, et en accompagnant leurs prédications de l'influence presque irrésistible des miracles et des vertus les plus parfaites ?

Mais il est temps de conclure mon acte d'accusation contre les écoles de philosophie. Vous donc, Evêques de France, qui êtes chargés du dépôt sacré de la foi, vous, Ministre du Roi, gardien du même dépôt et de toutes les vérités utiles, daignez méditer sans prévention, un seul quart d'heure, les divers griefs que je viens d'articuler, et vous reconnaîtrez tout aussi bien que moi, qu'ils ne sont que trop fondés; et qu'ils sont d'autant plus graves, d'autant plus dangereux, que toute la classe instruite de la société passe par ces funestes écoles. Il est donc urgent de les réformer au plus tôt.

FACULTÉS.

Je ne m'occuperai des facultés que pour signaler une imperfection dans leur organisation, qui mérite toute l'attention du Gouvernement : je veux parler du *concours*, qui est l'unique voie pour parvenir aux chaires de Professeur. Cette voie pourrait devenir fort utile à la révolution, et remplir les hautes écoles de ses plus chauds partisans : et alors, je vois la révolution maîtresse de la citadelle qui domine sur toute la France ; car elle serait chargée de donner la science à la portion de la société qui gouverne l'autre : et l'on peut facilement prévoir quelles sont les lumières qu'elle s'empresserait de propager, et si les doctrines monarchiques et religieuses seraient en grand honneur. Ministres du Roi, ne vous aveuglez point sur le danger que je vous découvre. Si vous ne fermez à la révolution tous les forts de la société, nous serons toujours en péril.

C'est pourquoi vous ne devez point maintenir le concours qui pourrait devenir fatal à la légitimité ; ou si vous le maintenez, qu'il ne soit ouvert qu'aux suppléans des facultés, lesquels seraient nommés par le Roi. Sans cette précaution, vous compromettrez infailliblement les intérêts du Trône, et vous pourriez encore préparer de loin sa chute.

INSTITUTEURS PRIMAIRES.

Si le Gouvernement doit redoubler de vigilance et de zèle pour assurer à l'enfant du riche une éducation monarchique et religieuse, il doit également prendre ses mesures pour que l'enfant du pauvre devienne un bon citoyen. Il a déjà comme rempli sa tâche à ce sujet, en rendant aux Evêques l'instruction primaire dont la révolution les avait dépouillés. Je crois néanmoins qu'il peut ajouter quelque chose à ce qu'il a fait, voici ce que j'ai en vue.

Il est universellement reconnu que les enfans de la basse classe ne peuvent être confiés à de plus dignes maîtres que les Frères de la Doctrine chrétienne. La France serait trop heureuse, si cette vénérable congrégation pouvait diriger les écoles de toutes les paroisses. Mais nous ne devons pas espérer un tel bonheur. Cependant ne pourrait-on pas faire plus ou moins participer tous les enfans du royaume à la salutaire influence des principes et des vertus de ces précieux instituteurs ? Pour moi, il me semble que le Gouvernement en a la faculté ; il doit du moins tendre vers ce but : et pour cela, il doit mettre tout en œuvre pour procurer l'établissement d'une Ecole chrétienne dans chaque *chef-lieu d'arrondissement*. Je ne doute point que ses efforts n'aient un heureux résultat, et ne le mènent bientôt à l'entier accomplissement d'un projet aussi important. Oui, je le répète, si le Gouvernement embrasse avec ardeur cette grande œuvre de restauration, il la consommera nonobstant les obstacles qu'il pourra rencontrer: Les Evêques s'empresseront de lui donner la main ; et à mesure que les arrondissemens seraient pourvus, on n'admettrait plus pour instituteurs, dans tout le ressort, que des élèves formés par les Frères, ce qui propagerait leur excellent esprit dans toutes les contrées, et jusque dans le moindre hameau. Quelles espérances alors ne pourrions-nous pas concevoir ! Ministres du Roi, je ne sais si vous pourriez proposer à votre maître une mesure plus salutaire aux peuples, et plus utile à l'Etat.

INSTITUTRICES.

Le corps des institutrices est à mes yeux un des plus respectables et des plus utiles à la nation. Je les regarde comme les seconds ministres de la Religion. Je ne puis considérer qu'avec les plus vifs sentimens de reconnaissance et d'admiration le bien immense que ces saintes Filles procurent à la société. Ne sont-ce pas elles, et elles seules pour ainsi dire, qui forment ces Filles qui font le bonheur de leurs parens, ces épouses qui règnent sur le cœur de leurs maris, moins par les charmes de leur beauté, que par les célestes attraits de leurs vertus ; ces mères inestimables qui élèvent avec tant de soin ces enfans qui deviennent ensuite les meilleurs citoyens ? et ne peut-on pas dire que si les bonnes mœurs s'introduisent, se conservent et s'améliorent dans les familles, parmi les hommes, et dans la société même, c'est à ces écoles de piété qu'il faut en attribuer la principale gloire ; c'est à ces maîtresses qui apprennent bien mieux que les docteurs et les philosophes à convertir les incrédules et les endurcis, non par de savantes dissertations, mais par l'impression vraiment électrique du sacré baume des vertus chrétiennes.

Mais il est temps de présenter mon placet pour mes vénérables clientes. Je demande donc pour elles, non de l'or qu'elles estiment peu, mais des mesures commandées par la justice, par toutes les convenances et par l'intérêt public. Je demande qu'elles soient au plus tôt retirées d'entre les mains des Préfets et de leurs Secrétaires : je demande qu'on ne les laisse plus sous la surveillance de la haute-police, et qu'elles ne dépendent plus que des Evêques, à l'autorité desquels elles doivent être seulement soumises. Qui est celui qui s'élèvera contre ma motion ? on ne sera qu'étonné que j'aie été obligé de la comprendre dans mes vœux.

Je demande en outre, que le Gouvernement travaille avec ardeur à établir des Sœurs dans chaque *chef-lieu d'arrondissement*, afin qu'elles puissent former elles-mêmes les institutrices de toutes les communes, qui, d'ailleurs, recevraient d'elles seules leur brevet de capacité, tandis que l'Evêque leur accorderait l'autorisation nécessaire pour enseigner. Ce projet, qui promet tant de bien à la France, ne présente aucune difficulté que le Gouvernement ne puisse aisément lever. Les congrégations me semblent déjà en assez grand nombre pour remplir une telle mission, ou si elles n'étaient pas encore suffisantes, elles le deviendraient bientôt. Ministres du Roi, occupez-vous donc au plus tôt de cette autre œuvre de restauration : elle n'est ni moins grande ni moins féconde que la plupart de celles que j'ai soumises à vos méditations, et je me réjouis qu'elle serve de conclusion au chapitre que j'avais plus spécialement consacré à la Religion.

QUELQUES CONSIDÉRATIONS POLITIQUES. — LOIS EN GÉNÉRAL ET EN PARTICULIER.

J'avais annoncé quelques questions politiques ; mais l'on pense déjà que je ne traiterai que de celles qui se rattachent plus particulièrement à mon dessein, qui se rattachent à la restauration. C'est dans ce sens que je vais présenter quelques considérations sur les deux objets les plus importans de la société, les lois et les fonctionnaires.

Ne craignez pas cependant, Ministres du Roi, que je vienne ici me constituer votre accusateur. Je suis loin de partager les principes ou les préventions de vos adversaires. Je me plais au contraire à publier que vous avez bien mérité du Roi et de la patrie depuis que vous êtes au timon des affaires. Je me plais à contempler et à proclamer le bien immense que nous vous devons, et les éclatans services que vous avez rendus à la bonne cause ; et je me fais un devoir de vous offrir ici mon juste tribut de louange et de reconnaissance. Mais si je rappelle avec joie le bien que vous avez opéré, qu'il me soit aussi permis de parler de celui que j'attends encore de votre administration.

La première base fondamentale du bonheur d'une nation, c'est la Religon : si tous les citoyens la portaient sincèrement dans leurs cœurs, elle suffirait à elle seule pour les rendre heureux autant qu'on peut l'être sur la terre. Mais parce qu'il n'en est point ainsi, et que la Religion trouve toujours chez les peuples un grand nombre d'ennemis, un plus grand d'indifférens, un plus grand encore de ceux qui la pratiquent mal, cette première base devient insuffisante par la malice des hommes, pour soutenir seule l'édifice social : il faut nécessairement lui en adjoindre une autre ; et cette autre, je la trouve dans un Gouvernement *fort* en lui-même, et *ferme* et *juste* à l'égard des citoyens.

Point de bonheur public, si le Gouvernement n'est *fort* en lui-même : car alors les citoyens ne peuvent se promettre pour long-temps la tranquillité, sans laquelle il ne peut y avoir de bonheur : ils ont toujours à craindre que les nations voisines ne les méprisent, ne les menacent, ne les inquiètent, ne les enchaînent. Ces citoyens ont plus à craindre encore de voir à chaque moment ce Gouvernement sans force, attaqué au dedans par divers partis formés des agitateurs, des ambitieux ou des mécontens, espèce qui abonde toujours dans une nation ; et s'ils le voient attaqué, ils le voient dans le même instant renversé et remplacé par l'anarchie, le fléau le plus épouvantable qui puisse désoler une nation. Pour qu'un peuple soit donc heureux, il faut que son Gouvernement soit fort en lui-même : *fort*, pour imprimer le respect et la crainte aux peuples voisins, *fort* surtout pour contenir les malveillans du dedans, pour mettre sous les pieds les rebelles et les séditieux, et demeurer, malgré toutes les secousses, stable, immobile, comme une colonne de fer.

Mais comment le Gouvernement pourra-t-il avoir cette force si nécessaire ?

Le Gouvernement sera *fort*, si les lois et les institutions fondamentales sont sages : et pour cela, il faut que ces lois et ces institutions soient en rapport, non-seulement avec la nature et les besoins des hommes en général, mais encore avec les mœurs, le caractère et les besoins particuliers du peuple qu'elles doivent régir : et pour cela, il faut surtout que ces lois et ces institutions, tout en offrant aux citoyens des garanties pour n'être point injustement opprimés, en laissent de beaucoup plus fortes au Gouvernement, pour qu'il puisse toujours se faire craindre et respecter de tous.

Le Gouvernement sera *fort*, surtout s'il ne confie l'autorité et le pouvoir qu'à des mains sûres, qu'à de bons citoyens : tout dépend donc de faire un bon choix de fonctionnaires publics, principalement de ceux dont les attributions sont plus importantes, plus étendues, plus immédiatement liées au maintien de l'ordre et de la tranquillité publique. Dans les fonctionnaires de cette classe, trois qualités sont indispensables, savoir : *dévouement au Roi, probité* et *capacité*. Ils doivent être dévoués au Roi : le Roi ne fait et ne peut rien que par ses agens : quel secours, quelle force peut-il trouver en eux, s'ils n'ont pour lui que de l'aversion ou de l'indifférence ? mais pour que ce dévouement soit parfait, il faut encore qu'il ait pour fondement, non l'intérêt personnel, mais la conscience, le devoir et l'honneur. Au dévouement au Roi, il faut réunir la *probité*, absolument nécessaire dans les fonctionnaires publics, de quelque classe qu'ils soient : par cette probité, j'entends cette vertu qui fait remplir au fonctionnaire public les principales obligations de sa place, avec une parfaite exactitude, une parfaite droiture, une parfaite délicatesse, une parfaite intégrité : c'est ce défaut de probité, malheureusement trop commun parmi les fonctionnaires publics, qui provoque le plus les murmures et le mécontentement des peuples : aussi ne craindrai-je pas d'avouer que si j'avais à choisir entre un royaliste sans probité, et un indifférent intègre, je ne balancerais point à donner la préférence à ce dernier. Enfin, au dévouement au Roi, à la probité, il faut encore réunir *la capacité*, c'est-à-dire les talens et les connaissances nécessaires pour s'acquitter dignement des fonctions dont on est chargé : de combien de fautes et de quels maux, ce défaut de capacité ne peut-il point être la source, même en ceux qui ont les intentions les plus pures ?

On ne peut le contester, un Gouvernement appuyé sur de telles lois et institutions, de tels fonctionnaires, un Gouvernement ainsi organisé, est un Gouvernement plein de force et de vigueur, un Gouvernement inébranlable, un Gouvernement qui assure le repos des peuples, et même leur bonheur, si à la force de son organisation, il réunit encore *la fermeté* et *la justice*.

Un Gouvernement ne peut être bon, s'il n'est *ferme*. Il doit l'être d'abord dans ses lois et dans ses institutions : quand il s'agit d'innover, il faut user de la plus grande réserve : les lois et les institutions déjà anciennes chez un peuple, sont d'ordinaire celles qui lui conviennent le mieux, soit parce qu'il y est déjà accoutumé, soit parce qu'elles sont communément le fruit des temps et de l'expérience, soit parce qu'en voulant réformer un abus qui frappe, on en fera souvent naître plusieurs beaucoup plus graves, que la faible prévoyance de l'homme n'avait point aperçus. Ajoutez à cela, que dès qu'on a commencé d'innover, il est difficile de s'arrêter, et de là des vicissitudes, des changemens continuels, qui deviennent tout-à-fait funestes. C'est pourquoi, lorsqu'une chose est établie et comme naturalisée chez une nation, le Gouvernement doit la maintenir, à moins qu'elle ne soit tout-à-fait vicieuse ; et c'est ainsi qu'il se montrera ferme dans ses lois et dans ses institutions. Il doit se montrer également ferme, soit à l'égard de ses divers agens, soit à l'égard des simples citoyens : *à l'égard de ses divers agens*, il ne suffit pas qu'il en ait choisi de bons, il faut encore que par sa viligance et par sa fermeté, il les empêche de se corrompre : il faut donc qu'il ait toujours les yeux ouverts sur leur conduite ; et s'il en découvre de prévaricateurs dans leurs fonctions, il doit les frapper avec sévérité et sans ménagement : en usant ainsi d'une inflexible rigueur, tous les fonctionnaires seront pénétrés d'une crainte salutaire, qui les contiendra invariablement dans le devoir ; et dès-lors, plus de concussions, plus d'injustices, plus de murmures. Le Gouvernement doit être encore également ferme à l'égard des citoyens, pour les forcer à exécuter ponctuellement toutes les lois : avant de donner ces lois, il faut les préparer et les méditer avec une profonde sagesse et une mûre délibération ; mais dès qu'elles sont rendues, il faut les faire exécuter selon leur teneur, avec une inébranlable fermeté ; si le Gouvernement se relâche d'une telle sévérité, les lois deviendront inutiles, les citoyens ne craindront plus d'enfreindre les plus nécessaires, et n'auront bientôt que du mépris pour l'autorité ; et alors la nation n'est plus qu'un corps sans vie ; car sans le respect pour l'autorité et les lois, sans la soumission à l'autorité et aux lois, on n'est plus que sous le règne affreux de l'anarchie. Ah ! que les Gouvernemens se pénètrent bien de cette vérité, ce n'est qu'en se faisant craindre des peuples qu'ils les gouverneront bien ? c'est cette crainte qui doit être leur nerf principal ; c'est cette crainte qui fait leur force ; et croire bien gouverner sans se faire craindre, c'est une illusion funeste pour les Rois, plus funeste encore pour les peuples.

Enfin, pour rendre le peuple heureux, le Gouvernement doit être non-seulement *fort* et *ferme*, mais encore il doit être *juste :* et il le sera, en rendant à chacun ce qui lui est dû, en respectant les droits et les biens individuels des citoyens : il le sera, en récompensant dignement les services rendus ; il le sera enfin, en n'accordant qu'au mérite les places, les distinctions et les honneurs.

Voilà les principaux caractères d'un bon Gouvernement : heureux les peuples à qui le Ciel l'a donné ! Ne vous offensez point, Ministres du Roi, que j'examine maintenant si la France peut être encore mise au nombre de ces peuples heureux : quand on doit passer sa vie sous un édifice, peut-il y avoir de crime d'examiner si cet édifice menace ruine ?

Et d'abord, est-il certain que le Gouvernement actuel de la France ait en lui-même cette force d'organisation qui rend les Etats inébranlables, et inspire aux citoyens une parfaite sécurité ?

Pour résoudre cette question d'un si grand intérêt, il faut savoir si nos lois et institutions fondamentales sont propres à assurer au Gouvernement cette force qui lui est si nécessaire.

Il me semble que nos législateurs n'ont pas été assez persuadés que les meilleures lois n'étaient pas celles qui sont les plus sages en elles-mêmes et qui promettent le plus de bien, mais plutôt celles qui opèrent réellement ce bien. Or, pour qu'il s'effectue, il faut nécessairement que la loi soit fidèlement exécutée. Mais si une loi effraie par la multiplicité des formes, des précautions et des entraves, eu égard surtout aux matières et aux personnes qu'elle concerne, on doit présumer d'avance qu'elle sera généralement éludée, et qu'elle deviendra entièrement inutile, pour ne pas dire pernicieuse, puisque les peuples s'accoutumant ainsi à enfreindre les lois, perdent insensiblement le respect pour l'autorité qui est le principal lien de la société. Il faut donc qu'une loi soit tout-à-fait analogue à la capacité et aux dispositions particulières de ceux qui doivent l'exécuter. Je crois que nos lois administratives surtout, pèchent plus ou moins par ce vice. Aussi sont-elles en général regardées comme un joug insupportable, et les contraventions passent peu à peu en coutume.

Si les lois doivent être de facile exécution, il est encore plus important qu'elles soient protectrices des bonnes mœurs. Toute loi doit tendre essentiellement au bien commun ; et les bonnes mœurs sont le bien le plus précieux de la société : une loi immorale serait donc véritablement un crime de lèse-nation. Ces principes sont avoués de tous les publicistes : mais ils n'ont pas toujours été respectés dans nos codes, qui ne se ressentent que trop de l'esprit qui a présidé à leur confection. On sent la nécessité d'épurer sous ce rapport notre législation : mais que sert de connaître le mal, si l'on ne songe point au remède ? Peut-il y avoir un objet plus digne de l'attention et des soins de nos ministres ? et s'ils montraient peu de zèle pour de telles réformes, ne pourrait-on pas les soupçonner, à bon droit, d'être peu dignes de préparer des lois pour une nation ?

Je viens, après tant d'autres, leur dénoncer la loi sur le mariage, loi qui fait tous les jours de si grands ravages dans la société. Comment peut-on maintenir si long-temps une loi qui légitime et qui provoque des unions que les citoyens ne doivent regarder qu'avec horreur; une loi qui ne permet pas seulement au simple fidèle de donner cet affreux scandale, mais qui y invite encore, pour ainsi dire, la religieuse et le prêtre même ! Comment un Gouvernement restaurateur a-t-il pu tolérer, une seule session, cette détestable législation ! Hâtez-vous donc, Ministres du Roi, de faire disparaître de nos codes des dispositions aussi immorales. Que tardez-vous de présenter la loi nouvelle que l'on attend avec une juste impatience ! j'ignore comment vous l'avez conçue. Pour moi, je croirais, sans pourtant blâmer ceux qui pensent autrement, je croirais, dis-je, qu'il suffirait d'exiger, sous peine de nullité, et sans préjudice d'autres peines bien plus graves, que le contrat civil fût précédé du mariage canonique, lorsque les parties du moins professent la foi de l'Eglise romaine. Je croirais en outre que l'on pourrait peut-être se contenter, pour la validité du contrat, de l'acte en bonne forme dudit mariage, transcrit sur les registres de l'état civil, sans jamais entrer dans la discussion des empêchemens que l'on pourrait ensuite alléguer ; discussion que je voudrais entièrement abandonner au for de la conscience, sauf les exceptions qu'il est inutile de marquer, et que la loi actuelle consacre elle-même.

Je ne m'étendrai point davantage sur une question qui sera débattue avec le plus grand soin, et je passe à un autre objet.

Les amis des bonnes mœurs remarquent avec une vive douleur que la corruption et le libertinage font les progrès les plus alarmans. Que de filles, au grand détriment des mœurs publiques, deviennent mères avant d'être épouses ! Et ce qui jadis aurait fait le désespoir des vierges, ne cause aujourd'hui presque plus d'impression ; symptôme infaillible de la ruine de la pudeur et de la dépravation des mœurs.

Quoiqu'il n'y ait guère que l'influence de la Religion qui puisse rétablir sous ce rapport l'esprit public, un législateur doit cependant prêter son secours au saint ministère. Je désirerais donc que la fille qui s'est ainsi publiquement déshonorée fût privée de quelques droits civils spécifiés, et que par la même loi elle fût obligée, sous peine de réclusion, de déclarer simplement sa grossesse, ou à l'officier public, ou au curé, à la charge par ce dernier d'en donner avis au premier, qui en dresserait acte. Je ne doute point qu'une telle loi, lue comme autrefois, par intervalles, au prône de la messe, ne produisît sur les jeunes personnes et sur les parens eux-mêmes, une salutaire frayeur : je ne doute pas qu'une telle mesure ne prévînt en outre beaucoup d'infanticides, qui le plus souvent demeurent impunis, ce qui ne contribue pas peu à les multiplier, et à enhardir l'audace du crime.

FONCTIONNAIRES PUBLICS.

Le bonheur d'une nation, son existence même, dépendent des fonctionnaires publics qui la gouvernent. S'ils sont bons, elle prospèrera de plus en plus; et elle périra s'ils sont mauvais. Que peut-il donc y avoir de plus délicat et de plus digne de l'attention des Ministres, que le choix de ces fonctionnaires ! je soutiens que c'est là qu'ils peuvent opérer le plus grand bien qui soit en leur pouvoir; et malheur à eux et plus encore à la patrie, s'ils ne s'acquittent de ce devoir, le premier de tous, qu'avec un zèle médiocre, et s'ils font consister tout leur mérite à préparer quelques projets de loi et à les soutenir avec éloquence et succès ! Le plus puissant besoin que ressentent les peuples, c'est d'avoir de dignes fonctionnaires, des magistrats capables, intègres, et zélés pour le bien : et si ce besoin n'est pas pleinement satisfait, les peuples se plaignent et murmurent; les Ministres en sont seuls la cause, et ils sont sans excuse.

Mais il ne suffit pas ici d'avoir des intentions droites, si l'on ne veut pas commettre des fautes innombrables, et les plus dangereuses pour la société, il faut s'armer d'une grande prudence. Voici quelques précautions qui me paraîtraient essentielles.

Il faudrait que chaque Ministre fît une recherche particulière du mérite des employés qu'il a dans sa juridiction : il devrait surtout s'assurer des principes et de l'aptitude de ceux qui occupent les premières places dans les diverses branches de son administration : et il ne doit se tenir tranquille, que lorsque ces premières places seront remplies par des citoyens qui réunissent en un degré même éminent les qualités qu'elles demandent.

Mais lorsque les Ministres auront établi de tels fonctionnaires, ils doivent les regarder comme leurs lieutenans, et se décharger sur eux de toutes les affaires qui ne présentent point un intérêt majeur, ne retenant pour eux que celles qui sont de la plus grande importance pour la société. Sans une telle distribution, toutes les affaires languiront, toutes seront négligées, toutes seront mal traitées : les Ministres ne pourront point s'occuper suffisamment des principales, et les secondaires ne seront expédiées qu'avec une lenteur tout-à-fait préjudiciable. Sans une telle distribution, un Ministre n'est plus que le chef d'une légion de commis qui le conduisent plutôt qu'il ne les conduit, en sorte que tous les intérêts publics et privés ne sont plus, pour ainsi dire, réglés que par quelques obscurs secrétaires. Que les Ministres portent donc toutes leurs forces sur les grandes roues de la machine politique, et ces roues entraîneront dans leur mouvement toutes les autres, et la machine entière tournera avec une merveilleuse rapidité; tandis qu'en embrassant toutes les parties à la fois, une force ainsi partagée n'agirait que très-faiblement sur toute la machine.

Il est donc nécessaire que les Ministres confient à leurs premiers agens l'autorité suffisante pour terminer dans les départemens la plus grande partie des causes. Cette communication de leur pouvoir loin de les affaiblir, ne fera que leur donner une nouvelle vigueur, une nouvelle énergie; ce n'est qu'à cette condition qu'ils pourront méditer à loisir les mesures législatives ou administratives les plus adaptées à nos besoins. Leur principal soin doit être de transmettre à leurs lieutenans les instructions et les règles générales d'après lesquelles ils doivent se conduire, et de tâcher de leur communiquer l'ardent amour du bien dont ils doivent être eux-mênies embrasés : et ils ne doivent jamais perdre de vue que le moyen à prendre pour que les fonctionnaires n'abusent point de l'autorité, n'est pas de la leur ôter ou de la paralyser entre leurs mains, car le remède serait pire que le mal, mais plutôt de ne confier cette autorité qu'à des hommes incapables de s'en servir pour autre chose que pour le bien.

Or, pour que nous puissions espérer de tels fonctionnaires, il faut que les Ministres abandonnent les choix aux chefs de chaque branche d'administration, qui sont les seuls compétens pour présenter les plus dignes candidats. Eux seuls sont à même de connaître les droits des prétendans; et étant responsables de leurs choix, et envers leur conscience, car nous supposons qu'ils en ont, et envers le Gouvernement, et envers leurs subalternes, et envers l'opinion publique, il y a tout lieu de présumer qu'ils n'envisageront dans leurs présentations que les seules lois de la justice, de l'ordre et de l'intérêt public. Alors, les emplois seront bien remplis; le mérite sera récompensé, et une salutaire émulation s'établira parmi les fonctionnaires.

Mais si les Ministres, au contraire, distribuent par eux-mêmes les places, ils seront continuellement assiégés de solliciteurs, ils seront le plus souvent trompés, non-seulement par la plus grande partie des patrons, qui n'examinent guère si leur client est le plus digne des prétendans; mais encore par ceux-là même qui craindraient de demander une chose injuste, mais que l'on induira à erreur. Et alors les places deviendront exclusivement la proie de l'ambition, de l'intrigue et de l'adulation; l'homme de mérite que sa modestie tiendra en arrière, sera presque toujours supplanté, le découragement, la jalousie, la division et les murmures règneront parmi les employés; et les administrations iront toujours en déclinant, tandis qu'elles auraient dû se perfectionner de plus en plus. Ministres du Roi, craignez d'assumer sur vos têtes des injustices en si grand nombre et si funestes à la société.

Je n'entends pas toutefois que vous demeuriez entièrement étrangers aux choix; je veux au contraire qu'ils ne soient faits que selon les règles générales que vous aurez vous-mêmes tracées. J'espère que vous jugerez indispensable d'éloigner des places, non-seulement les citoyens scandaleux, les citoyens sans mœurs, mais encore les ennemis, je ne dis pas *secrets*, mais du moins *déclarés* de notre sainte Religion, surtout s'ils avaient des rapports immédiats avec les Ministres de l'Eglise.

Sans une telle mesure, le Gouvernement pourrait-il se glorifier d'être le protecteur de la Religion et des bonnes mœurs? N'en serait-il point, au contraire, regardé comme l'ennemi, dès qu'il accorderait sa confiance et son autorité à des hommes persécuteurs de la Religion et des mœurs? Si vous voulez sincèrement, je ne dis pas restaurer, mais seulement maintenir la morale publique, nul honnête homme, Ministres du Roi, ne peut douter que vous ne vous prescriviez à vous-mêmes une telle conduite: et si vous agissez autrement, vous prouverez à tous, ou que vous êtes sans zèle pour la Religion et pour les mœurs, ou que vous n'avez point le courage de les protéger, sentimens également indignes d'un simple citoyen, et à plus forte raison d'un Ministre du Roi *très-chrétien*.

CONCLUSION DE TOUS LES VOEUX.

Je viens de signaler les réformes et les améliorations qui me paraissent les plus urgentes : je les regarde comme évidemment utiles ou nécessaires, même pour la plupart ; et si je ne me fais point illusion, tous les vrais amis du bien en jugeront comme moi-même : ce sera bien doux pour moi : mais c'est principa-

lement, Ministres du Roi, votre approbatio*
que j'ambitionne, non pour aucune raiso*
d'intérêt personnel, mais uniquement pou*
l'intérêt de la France entière. Ne dites pas
comme ce n'est que trop la coutume, que le*
circonstances ne sont pas encore favorables
pour prendre de telles mesures de restaura*
tion. Et quel temps peut-il y avoir de plu*
heureux, que celui où Charles X règne sur le
Français! Voulez-vous attendre que les flatteurs des peuples soient disposés à entrer dans
vos vues? s'il en est ainsi, vous ne mettrez
jamais la main à l'œuvre, et la monarchie sera
plutôt renversée que restaurée. Comment pouvez-vous redouter les vaines déclamations des
ennemis du bien! Ne devriez-vous pas vous
faire plutôt une gloire de leurs murmures?
et leurs éloges ne seraient-ils point votre condamnation? non; ce ne sont que les reproches des sujets dévoués que vous devez scrupuleusement éviter, et les plaintes d'un seul
honnête homme, doivent vous faire plus
trembler que toutes les invectives des ennemis de l'ordre.

Ministres du Roi, le plus grand bien est entièrement à votre disposition. Il ne faut pour
l'opérer, ni or, pour ainsi dire, ni armées, ni mesures violentes, ni commotions. Si vous aper-

cevez des obstacles, ce ne peut être qu'une funeste pusillanimité qui vous les découvre. Quelques ordonnances qui consacrent des principes régénérateurs, quelques règlemens, quelques mesures qui en soient l'application, voilà tout ce qu'on vous demande ; et vous ne sauriez le refuser sans blesser votre conscience et votre honneur, sans trahir la gloire de votre Roi ; vous ne sauriez le refuser sans fouler aux pieds les intérêts du trône et de la patrie, sans vous attirer l'anathème de tous les gens de bien. Ministres du Roi, délibérez maintenant sûr le parti que vous avez à prendre ; mais ne perdez pas de vue que la France attentive vous observe, et qu'elle vous jugera.... Mais que fais-je ! pourquoi me jeter dans de sombres pensées ! j'oublie le jour mille fois heureux qui se prépare pour la France ! j'oublie que le pieux Monarque se dispose à recevoir l'onction sacrée ! Le meilleur des Rois va jurer sur les autels du Dieu de Saint Louis, d'accomplir tous les devoirs du Fils aîné de l'Eglise et du Père de la Patrie ; que puis-je désormais avoir à craindre ! Non, je ne dois plus que me livrer avec tous les fidèles sujets aux seules émotions de la confiance, de la joie et de l'amour ; je ne dois plus que mêler mes acclamations avec celles de tous les Français, et confondre tous mes vœux dans celui qui va solennellement retentir dans tout le royaume, dans le cri qu'on ne saurait assez répéter, de *vive Charles X ! vivent à jamais les Bourbons !*

FIN.

www.ingramcontent.com/pod-product-compliance
Lightning Source LLC
LaVergne TN
LVHW020953090426
835512LV00009B/1879